LA
POSTE AUX LETTRES

DANS LE GARD

Sous la Révolution

(1789 · 1795)

PAR

E. RENARD

Inspecteur des Postes et Télégraphes, à Nimes

NIMES

IMPRIMERIE COOPÉRATIVE " LA LABORIEUSE "

7, Rue Godin, 7

Médaille de Bronze à l'Exposition de 1900

1902

LA

POSTE AUX LETTRES

DANS LE GARD

Sous la Révolution

(1789-1795)

PAR

E. RENARD

Inspecteur des Postes et Télégraphes, à Nîmes

❧

NIMES

IMPRIMERIE COOPÉRATIVE " LA LABORIEUSE "

7, Rue Godin, 7

Médaille de Bronze à l'Exposition de 1900

1902

LA

POSTE AUX LETTRES

DANS LE GARD

sous la Révolution

(1789-1795)

En 1789, lorsque le Tiers-Etat se proclama Assemblée constituante, la Poste aux lettres était à la ferme et réunie à l'administration des relais et messageries. (1)

Le tarif en vigueur était celui de 1759. (2)

La lettre simple, du poids de deux gros (environ quatre grammes), était taxée 4 sols dans l'étendue d'une zone de moins de 20 lieues et 6 sols pour une zone de 20 à 40 lieues.

La taxe s'élevait à 7 sols pour une distance de 50 lieues ; à 9 sols pour une distance de 100 lieues ; à 14 sols pour une distance de plus de 150 lieues.

Les lettres avec enveloppe payaient les mêmes taxes augmentées d'un sol.

Les lettres doubles, c'est-à-dire pesant plus de

---

(1) Edit du mois d'août 1787.
(2) Déclaration royale du 8 juillet 1759.

deux gros, étaient frappées du double port moins 2 sols.

En outre, les lettres transitant par Paris et une vingtaine d'autres bureaux répartis sur le territoire, y compris ceux de Nimes et de Bagnols-sur-Cèze, étaient passibles d'une double taxe. Ainsi une lettre simple de Beaucaire pour Le Vigan, par exemple, devait payer :

Pour le port de Beaucaire à Nimes, 4 sols ;

Pour le port de Nimes au Vigan, 6 sols.

Les envois d'argent constituaient le seul service accessoire de la Poste. Aucun tarif ne déterminait les frais de transport ; aussi les abus étaient-ils fréquents en matière de taxe. Le règlement fixait seulement à 100 livres le maximum des envois. (1)

En 1790, après la nouvelle division administrative de la France, on comptait dans le département du Gard vingt-deux bureaux ou centres de distribution, savoir : (2)

District de Nimes. — Nimes et Saint-Gilles.

District d'Alais. — Alais, St-Ambroix, Génolhac, Anduze, St-Jean-de-Gardonnenque (St-Jean-du-Gard).

District de Beaucaire. — Beaucaire, Villeneuve-lès-Avignons, Remoulins.

District de Pont-Saint-Esprit. — Pont-St-Esprit, Bagnols, Barjac.

District de Sommières. — Sommières, Calvisson, Lédignan, Quissac.

District de Saint-Hippolyte-du-Fort. — St-Hippolite, Sauve.

---

(1) Règlement du 16 octobre 1627.

(2) Renseignements révélés par une enquête faite en 1790 et dont nous reparlerons plus loin. (Arch. dép., Liasse 7. P. 2).

District d'Uzès. (1).
District du Vigan. — Le Vigan et Sumène.

Le Calendrier de la Ville de Nimes et de sa Sénéchaussée, pour l'année 1789, nous fournit des renseignements sur les courriers. On y voit que les départs de Nimes etaient fixés comme suit :

Pour Paris, Lyon et *routes*, (2) 6 fois par semaine.
Pour La Provence, 6 fois par semaine.
Pour Montpellier, Toulouse et routes, 6 fois par semaine.
Pour Bordeaux et routes, 3 fois par semaine.
Pour Le Vigan, Sumène, Ganges, St-Hippolyte-du-Fort, Sauve, Sommières, Calvisson et routes, 3 fois par semaine.
Pour Alais, Les Vans, St-Ambroix, Génolhac, Boucoiran et routes, 3 fois par semaine.
Pour Mende, Le Puy, Langogne, Maruéjols, Florac, Pompidou, Saint-Jean-de-Gardonnenque, Anduze, Lédignan et routes, 3 fois par semaine.
Pour Saint-Gilles, 3 fois par semaine.
Les arrivées avaient lieu un même nombre de fois par semaine.

Un courrier extraordinaire était établi entre Nimes et Beaucaire pendant la durée de la foire de cette ville, foire qui était alors très importante.

Le département ne possédait, en réalité, que qua-

---

(1) Les indications manquent pour le district d'Uzès, mais tout porte à croire qu'un bureau existait dans cette ville chef-lieu du district et siège d'une ancienne viguerie. Il est à remarquer, en effet, que toutes les vigueries possédaient un bureau, à l'exception de celle de Roquemaure, très rapprochée du bureau de Villeneuve-lès-Avignon.

(2) Expression de métier qui signifie bureaux situés sur la route et sur les embranchements.

tre lignes de courriers dont une, celle de Nîmes au Vigan (90 kil.), desservie par des piétons.

Saint-Gilles recevait aussi ses correspondances par un piéton partant de Nîmes.

La distribution normale des correspondances à domicile, n'avait lieu qu'à Nîmes. Ce bureau comptait trois facteurs en plus d'un Directeur, d'un Contrôleur et de quatre commis.

Le public des autres villes et villages se trouvait dans l'obligation, parfois très-pénible, à défaut de tout moyen de transport ou du mauvais état des routes, d'aller retirer les lettres et les paquets au bureau, souvent fort éloigné de la résidence des destinataires.

Telle était, succintement exposée, la situation de la Poste aux lettres dans le Gard en 1790.

Nous allons examiner les principaux faits survenus et les améliorations réalisées sous la Révolution.

Retrait des Correspondances
dans les bureaux.

L'Administration se préoccupa tout d'abord de faciliter le retrait des correspondances dans les bureaux. Elle prescrivit une enquête à l'effet de connaître le désir des communes touchant le bureau sur lequel les correspondances devraient être dirigées pour y être retirées plus commodément par les destinataires

Voici les résultats de cette enquête, effectuée vers la fin de 1790 (1). Ils ne manquent pas d'intérêt.

---

(1) Arch. dép., Liasse 7. P. 2. — Il est bon d'indiquer ici que le département était divisé en huit districts et cinquante neuf cantons.

DISTRICT DE NIMES.

Le bureau de *Nîmes* desservait les municipalités ou paroisses de Courbessac, Saint-Césaire, Manduel, Rodilhan, Caissargues, Garons, Marguerittes, Saint-Gervasy, Poulx, Bezouze, Redessan, Cabrières, Milhaud, Aubord, Vestric, Bernis, Uchaud, Cavei-rac, Vauvert, Générac et Beauvoisin.

Langlade était desservi par Calvisson, du district de Sommières.

Aimargues, Le Cailar et Saint-Laurent-d'Aigouze étaient desservis par Lunel (Hérault).

Aiguesmortes allait prendre ses correspondances à Montpellier.

Le bureau de *Saint-Gilles* ne desservait que cette commune.

DISTRICT D'ALAIS.

Le bureau d'*Alais* desservait toutes les communautés des cantons d'Alais et de Vézénobres, plus Notre-Dame de Laval et Saint-Vincent-des-Salles, (2) Saint-Alban et Mazat et Lédignan.

Les bureaux de *Saint-Ambroix, Génolhac, Saint Jean-de Gardonnenque* et *Anduze*, desservaient toutes les communes de ces cantons.

DISTRICT DE BEAUCAIRE.

Le bureau de *Beaucaire* desservait Beaucaire,

---

(1) Ancien nom de la commune des Salles-du-Gardon.

Saujan, (1) Bellegarde, Fourques, Jonquières-et-St-Vincent, Comps et Vallabrègues.

Celui de *Villeneuve-les-Avignon* desservait Aramon et Saint-Pierre-les-Ternes, Villeneuve, la Barthelasse, Les Angles, Pujaut, Rochefort, Sauveterre, Saze et Tavel.

Celui de *Remoulins* desservait Domazan, Estézargues, Théziers, Montfrin, Lédenon, Meynes, Saint-Bonnet et Sernhac.

DISTRICT DE PONT-SAINT-ESPRIT.

Les bureaux de *Pont-Saint-Esprit* et *Bagnols* desservaient respectivement les communautés de leur canton.

Le bureau de *Barjac* correspondait avec celui de Pont-Saint-Esprit par un piéton qui allait, trois fois la semaine, prendre les dépêches au bureau de Pont-Saint-Esprit. La plupart des municipalités du canton retiraient leurs correspondances à Barjac. Celles de Cornillon, Goudargues, La Roque, Montclus, Saint-André-de-Roquepertuis, Saint-Laurent-de-Carnols et Saint-Michel-d'Euzet allaient les chercher au bureau de Bagnols. Celles d'Issirac, Laval, Le Garn, Saint-Christol-de-Rhodière et Salazac les faisaient prendre à Pont-Saint-Esprit.

A Roquemaure, il n'y avait pas de bureau, mais un piéton allait prendre les lettres à Bagnols. Les communautés du canton les retiraient les unes à Bagnols et les autres à Roquemaure.

---

(1) Village aujourd'hui ruiné. — Commune de Fourques.

DISTRICT DE SOMMIÈRES.

Les bureaux de *Sommières* et *Calvisson* desservaient respectivement les communes de ces cantons.

Celui de *Lédignan* desservait les communes de Saint-Mamert, Gajan et Saint-Bauzély.

Les autres communes du canton de Saint-Mamert retiraient leurs correspondances à Sommières.

Celles du canton de Quissac les retiraient à Sommières ou à Quissac.

Celles du canton d'Aigues-Vives étaient desservies par Lunel, sauf Aubais qui se trouvait plus rapproché de Sommières.

DISTRICT DE SAINT-HIPPOLYTE-DU-FORT.

Le bureau de *Sauve* desservait toutes les communes du canton.

Les communes de Saint-Martin-de-Foufouillouse et Saint-André-de-Valborgne était desservies par le bureau de *Pompidou* (Lozère).

Toutes les autres communes retiraient leurs correspondances au chef-lieu du district.

DISTRICT D'UZÈS.

Les renseignements manquent ainsi que nous l'avons déjà indiqué.

Il est probable qu'un certain nombre de communes étaient desservies par Uzès et les autres par Remoulins.

DISTRICT DU VIGAN.

Le bureau de *Sumène* desservait Sumène et Saint-Martial.

Saint-Laurent-le-Minier était desservi par *Ganges* (Hérault).

Toutes les autres communes du district étaient desservies par *Le Vigan*, à l'exception de Trèves, qui utilisait le bureau de *Saint-Jean-du Bruel*, beaucoup plus rapproché et établi depuis peu.

L'état concernant le district d'Alais contient, en plus des renseignements qui précèdent, deux notes qui méritent particulièrement d'être mentionnées.

Nous les donnons textuellement.

Observations. — « Les municipalités jointes à la ville d'Alais sont très près de la ville, mais peu habituées à recevoir des lettres par la poste. Celles de Vézénobres, sont à la distance d'une ou de deux lieues de ce pays. A l'exception de quelques particuliers de Vézénobres *les municipalités ne reçoivent pas des lettres par la poste et ne vont pas les retirer s'il y en a.* »

Observations générales. — Il ni a dans tout le district d'Alais que les cinq bureaux de poste aux lettres désignés ci-dessus. La poste ne vat pas aux autres lieux et le Directoire du district d'Alais est obligé, par ce défaut, de se servir d'exprès pour faire passer la correspondance avec les municipalités qu'on divise en deux routes, l'une pour le nord et l'autre pour le midy. Par ce moyen, la correspondance est certaine et sy l'Assemblée nationale ou les différents comités de cette assemblée veulent faire parvenir en sécurité et en diligence des lettres et paquets aux municipalités où la poste n'est point établi, elles peuvent les adresser à l'administration du district d'Alais qui se chargera volontiers de les faire parvenir à leurs adresses par les exprès qu'elle dépêche deux fois la semaine environ.

Ces indications sont instructives. Elles révèlent l'ignorance du public des campagnes, à cette époque, et le manque absolu de relations commerciales dans ce pays. Elles constituent aussi implicitement une critique du service postal qui peut se résumer ainsi : insuffisance des moyens de communication, tarifs trop élevés et, surtout, absence d'un service de distribution à domicile. En effet, les gens d'affaires, les commerçants qui se préoccupaient tout naturellement de leurs correspondances, les faisaient bien retirer au bureau où elles étaient déposées, après l'arrivée de chaque courrier ; mais les particuliers, sans relations épistolaires suivies, n'attendant aucune nouvelle du dehors, ne pouvaient songer à se déplacer, à parcourir plusieurs lieues, pour aller réclamer à la poste des lettres ou des paquets dont ils ne soupçonnaient pas l'existence. Cela explique ce renseignement qui paraît, tout d'abord, stupéfiant, voire même invraisemblable : « *Les municipalités ne reçoivent pas des lettres par la poste et ne vont pas les retirer s'il y en a* »

Et dire que cette situation se prolongea jusqu'en 1830, époque à laquelle fut institué le service rural de distribution !

Distribution de la Correspondance Administrative.

Les communes qui le pouvaient employaient, comme l'administration du district d'Alais, des exprès pour le transport et la distribution de la correspondance administrative ; mais ces exprès n'assuraient pas un service régulier. En outre, ils étaient onéreux.

Cette question était importante, aussi l'Assemblée administrative du département du Gard ne manqua-t-elle pas de s'en occuper Dans sa séance du 30 novembre 1790, elle prit une délibération à ce sujet (1).

En voici un extrait :

« Le Conseil, considérant que le mode de correspondance entre les Corps administratifs et les Municipalités qui a été suivi jusqu'à ce jour, conformément à ce qui a été pratiqué ci-devant par les Subdélégués du Commissaire départi, est onéreux pour les communes et principalement pour celles des campagnes ; que néanmoins les localités ne permettent pas de le rendre uniforme dans tous les districts, mais que la dépense occasionnée par cette correspondance peut être plus également répartie et même considérablement diminuée ;

Ouï le Procureur-Général-Syndic, délibère : 1° que tous les frais de correspondance entre districts et municipalités de leur territoire seront supportés par les Districts.......... qu'en conséquence, toutes les municipalités du département recevront à l'avenir, franco de port et de tous frais quelconques, les lois, proclamations, arrêtés des corps administratifs, lettres et paquets et généralement tout ce qui concerne l'Administration, dont l'envoi leur sera fait par le Directoire ou par le Procureur-Syndic de leur District ;

2° qu'il sera laissé provisoirement au soin et à la prudence de chaque administration de district ou de son Directoire, de choisir les moyens les plus prompts, les plus sûrs et les plus économiques pour établir cette correspondance. »

....

_____

(1) Procès-verbal de la première session de l'Assemblée administrative du département du Gard, 1790. Arch. dép.

Il est évident que la réglementation d'un service de messagers partant du chef-lieu du district à jours fixes, comme à Alais, pour desservir successivement toutes les communes devait être plus sûre et plus économique.

A titre d'indication, nous avons recherché ce qu'avait coûté ce service au district de Nimes, en 1791, et nous avons trouvé que la dépense s'éleva à 675 livres seulement. Cela représentait, à cette époque, environ le salaire annuel de deux piétons.

Relais de la grande route de la Poste. — Réorganisation du service des courriers. — Courriers départementaux et interdépartementaux.

Un certain désordre régnait depuis quelque temps dans le service des courriers. On avait plusieurs fois constaté l'insuffisance des relais et le mauvais état des chevaux qui devaient y être entretenus.

Le Directoire des Postes se préoccupa de cette situation et détermina, après enquête (le 3 Mai 1791), les relais de la *grande route de la poste* et le nombre de chevaux affectés à chaque relais. Cette route, la seule dans le département alors parcourue par les malles-poste, s'étendait de Pont-Saint-Esprit à Lunel, en passant par Bagnols, Remoulins et Nimes.

Elle comprenait huit relais, savoir :

Relais de Pont-Saint-Esprit... 15 chevaux.
Relais de Bagnols............. 13 chevaux.
Relais de Connaux............ 13 chevaux.
Relais de Valiguières...... .. 15 chevaux.

Relais de Remoulins .... 18 chevaux.
Relais de Saint-Gervasy....... 16 chevaux.
Relais de Nimes.............. 25 chevaux.
Relais d'Uchaud .... 22 chevaux.

Il y avait aussi le relais de Curbussot sur la route de Nimes à Beaucaire, avec 14 chevaux.

Quelques mois plus tard, par un décret des 6-12 septembre 1791, l'Assemblée nationale désigna les routes sur lesquelles les maîtres de poste seraient désormais chargés de la conduite des malles. Celle que nous venons de citer était de ce nombre. Sur les autres routes et pour mettre les services des courriers en harmonie avec la nouvelle organisation administrative de la France, il devait être établi des courriers de poste aux lettres, en voiture, à cheval ou à pied, pour assurer une correspondance directe entre le chef-lieu de chaque département et ceux des départements contigus. Il en serait de même établi pour la correspondance entre le chef-lieu de chaque département et les villes sièges d'administrations de district ou de tribunaux.

Ce décret comportait la création d'un courrier de Lyon à Marseille par Pont-Saint-Esprit, Remoulins, et Tarascon (3 départs et 3 arrivées par semaine) ; d'un courrier de Lyon à Marseille par Avignon (3 départs et 3 arrivées par semaine) ; et d'un courrier de Remoulins à Toulouse (6 départs et 6 arrivées par semaine).

Cette réglementation nouvelle ne comportait, en réalité, aucune amélioration pour le département.

Le service des courriers laissait, d'ailleurs, toujours à désirer, ainsi qu'en témoigne l'extrait suivant d'un mémoire adressé au Directoire des Postes, le 3 octobre 1792, par M. Alexandre Fabre, commis des postes au bureau de Remoulins (1).

« Les retards fréquents des courriers qui arrivent au bureau de Remoulins, leurs plaintes multipliées contre l'inexactitude des postillons, l'insubordination de ces derniers envers les courriers, leur mauvaise volonté pour les conduire, ce que j'en ay vu par moi-même et l'intérêt que je prends au service avec lequel je suis lié me forcent enfin d'élever la voix ».

Peu de temps sans doute après la réorganisation du service des grands courriers, dont nous venons de parler, furent créés les courriers départementaux et interdépartementaux, prévus par le décret précité, et qui devaient constituer le germe de l'organisation moderne. Toutefois, nous n'en avons trouvé trace que sur un état daté du 1er floréal an VI :

Courrier de Nimes à Sommières, par Calvisson ;
—   de Nimes à Anduze, par Lédignan ;
—   de Nimes à Beaucaire ;
—   d'Alais à Saint-Ambroix ;
—   d'Alais à Villefort, par Génolhac ;
—   De Lafoux à Avignon, par Villeneuve ;
—   de Lafoux à Uzès ;
—   du Vigan à Nant (Aveyron) ;
—   de Nimes à Saint-Gilles ;
—   d'Anduze à Alais ;
—   de Bagnols à Roquemaure ;
—   de Lédignan à Boucoiran ;
—   de Sauve au Vigan, par St-Hippolyte et Sumène ;

---

(1) L. Rouvière. *Les lundis révolutionnaires.* Nimes. 1891.

Courrier de Sauve au Vigan, par St-Hippolyte et Ganges;
—   de Pont-Saint-Esprit à Barjac ;
—   de Pont-Saint-Esprit à Avignon.

Si, à cette nomenclature, on ajoute le courrier faisant le service de la malle-poste sur la route de St-Flour à Mende et à Montpellier par St-Jean-du-Gard, Anduze et Sommières, on aura une idée exacte des communications postales du département sous la Révolution.

Cette route avait été pourvue de relais en vertu d'un décret de la Convention en date du 4 août 1793 (1).

Il convient de remarquer que le service par piétons entre Nîmes et le Vigan avait disparu. On l'avait remplacé par un service de Sauve au Vigan qui se raccordait évidemment avec celui du courrier de Montpellier à Mende par Sommières, Quissac et Anduze (2).

Voit-on ces malheureux piétons circulant par tous

_____

(1) Depuis plusieurs années, on se préoccupait de l'établissement de ces relais, mais on ne trouvait pas de maître de poste pour les gérer, tant le service était mauvais sur cette route pour les chevaux.

Ceux établis en vertu du décret précité furent mis à l'adjudication. Ils entraînèrent une très grosse dépense. Celui de Quissac seulement fut adjugé au citoyen Portalieu, de Sommières, moyennant une somme comptant de 13900 livres et une somme annuelle de 1600 livres pendant trois ans. L'adjudicataire devait fournir et entretenir deux postillons en rang, un monteur à défaut et dix chevaux d'un bon échantillon pour faire le service des malles, des courriers extraordinaires et des voyageurs. (Arch. dép., Dossier 7. L. 4. 9.).

(2) Dans les archives communales du Vigan, on trouve trace d'une adjudication pour un service à cheval sur la route du Vigan à Sauve, le 18 fructidor an IV. Deux soumissionnaires étaient en présence. Prix demandés : 1600 livres et 1800 livres.

les temps entre-Nimes et le Vigan ? On était cependant exigeant envers eux et on se plaignait parfois de leur inexactitude. Leur charge était relativement lourde. En 1791, l'un d'eux demandait l'autorisation de se faire fournir un cheval toutes les fois que les paquets emportés excèderaient vingt livres.

Cette petite indication est intéressante à noter : elle prouve que normalement le poids des paquets était inférieur à ce chiffre et elle nous amène à faire une comparaison. A cette époque, il y avait deux départs par semaine de Nimes pour Le Vigan. C'était donc environ quarante livres de correspondances que le piéton emportait par semaine pour toutes les commune desservies.

Actuellement, il existe trois départs quotidiens sur la ligne de Nimes au Vigan, et le poids moyen de la correspondance journalière emportée par les courriers est de quatre cent cinquante kilos, soit, en chiffres ronds, trois mille kilos par semaine, c'est-à-dire cent cinquante fois plus qu'en 1791 ! (1).

La constatation, on le voit, valait bien la peine d'être enregistrée. Ne fait-elle pas admirablement ressortir les progrès réalisés au cours du siècle dernier, notamment la diffusion de l'instruction et l'extension et la commodité des moyens de transport entraînant l'établissement, même pour les plus modestes paysans de nos campagnes, de relations épistolaires assez suivies, si non nombreuses ?

_____

(1) Cette proportion élevée est encore bien inférieure à notre avis, à celle du nombre des objets transportés. De nos jours, en effet, les circulaires, prospectus, etc., affranchis à un centime se comptent par millions et ne pèsent relativement peu.

Création de bureaux ; leur importance.

Quelques bureaux furent créés pendant la période révolutionnaire.

Sur les documents que nous avons consultés, nous avons relevé l'existence des bureaux suivants, en plus de ceux existants en 1790, déjà indiqués :

1791. — Aigues-Mortes
1792. — Boucoiran.
1793. — Lafoux (1).
1794. — Quissac (2).
..... — Roquemaure.

Les bureaux les plus importants, après celui de Nimes, étaient vraisemblablement ceux de Beaucaire, d'Uzès, d'Alais, de Sommières et du Vigan.

Quelques-uns des autres établissements n'étaient que des bureaux de distribution. Leur rôle se bornait à recevoir les lettres et paquets et à rendre compte du produit des lettres qu'ils distribuaient (les taxes étaient généralement payées à l'arrivée).

Ce rôle secondaire explique la différence énorme des cautionnements imposés aux directeurs. C'est ainsi que les directeurs de Beaucaire et d'Uzès étaient soumis à un cautionnement de 3000 livres et celui de Boucoiran à un cautionnement de 150 livres seulement (3).

---

(1) Ce bureau paraît avoir remplacé celui de Remoulins, à la suite d'une modification de l'itinéraire du courrier de Lyon à Marseille, en 1793.

(2) Bureau établi au moment de la création du courrier de St Flour à Mende et à Montpellier (voir page 16).

(3) Arch. dép ,·Dossiers 8. L. 4. 2. et 3. L. 4. 4.

Nous trouvons dans une lettre du Directeur de Beaucaire, en date du 27 novembre 1792 (1), des renseignements qu'il nous paraît bon de mentionner :

« Le service de la foire, dit-il, *exige une administration aussi étendue et éclairée que dans les premières villes de cette République*, et tel qui en possède le mieux la carte, n'est pas à l'abri de donner de fausses destinations aux lettres, attendu qu'il faut beaucoup de pratique et avoir travaillé dans différents bureaux pour faire ce service avec célérité et exactitude.

Le travail des déboursés, celui des chargements et envois d'espèces n'exige pas moins de connaissances et de pratique pour éviter les « *cascades* » et retards qui sont très-préjudiciables au commerce ».

Même en tenant compte d'une certaine exagération de l'intéressé, on comprend que le bureau de Beaucaire devait être important, surtout en raison de l'affluence de marchands et d'étrangers de tous les pays, attirés par la foire, qui jouissait d'une réputation universelle à cet époque.

Élection des Directeurs des Postes

Le 8 octobre 1792, la Convention, malgré une énergique protestation formulée quelques jours avant par M. Roland, Ministre de l'Intérieur, décréta que les directeurs des postes seraient réélus par les Assemblées de district et qu'ils demeureraient néanmoins subordonnés aux administrateurs généraux, qui pourraient même les suspendre, à la charge par eux d'en rendre compte sur le champ au Pouvoir exécutif.

---

(1) Lettre adressée aux « Citoyens, Président et Électeurs de l'Assemblée du district de Beaucaire, à l'occasion de l'élection du Directeur de la poste ». — Arch. dép., dossier 2. L. 4. 4.

En vertu de ce décret, des élections eurent lieu vers la fin de novembre de la même année dans tous les districts. Elles ne paraissent avoir donné lieu à aucun incident marquant, mais seulement à des intrigues, à des délations. Cela était inévitable ; on pourrait dire humain. Les gens envieux d'un emploi, jaloux du directeur en fonctions, manœuvraient pour arriver à leurs fins. Ils étaient, il faut le reconnaître, favorisés par les passions politiques qui poussaient à voir partout des suspects. C'est ainsi que, sans motif apparent, on vit remplacer le citoyen Pélisson, directeur à Saint-Hippolyte-du-Fort, par le citoyen Coutelle, et le citoyen Bastide, directeur à Sauve, par le citoyen Gaubiac.

Le citoyen Fauvéty, élu en 1792 directeur à Uzés, fut remplacé, en 1793, par le citoyen Ollivier Gabriel.

Le poste d'Uzés devait être particulièrement envié. Pour l'élection de 1793, quatre candidats se trouvaient en présence.

Les élus ne réunissaient pas toujours les connaissances requises et la pratique nécessaire ; en outre, ils échappaient, au moins dans une certaine mesure, aux répressions administratives. Aussi le système de l'élection, reconnu vicieux, ne fut-il pas maintenu.

Défaut de sécurité des courriers et des bureaux.

Durant la période des troubles qui agitèrent convulsivement le pays, les malandrins, les escarpes, les voleurs donnaient libre cours à leurs opérations. La sécurité des routes avait complètement disparu et de nombreux actes de brigandage étaient signalés sur tous les points du territoire. Les envois d'argent par la poste se multipliaient en raison de la garantie donnée aux expéditeurs ; et, par suite, les bureaux et les courriers devenaient de plus en plus l'objet de tentatives criminelles.

Dans le Gard, on eut à déplorer, en 1792, l'assassinat du postillon faisant le service des malles-poste sur la route de Nimes à Beaucaire.

Plus tard, le 22 frimaire an IV (13 novembre 1795), le Directeur de la poste aux lettres de Nimes exprimait des craintes au sujet de son bureau et réclamait une sentinelle.

Voici un extrait de la lettre qu'il écrivait à ce sujet aux citoyens composant l'Administration centrale du département:

« *Les chargements se multipliant tous les jours à un point inconcevable* (1) font que le bureau de la poste aux lettres de Nimes devient un dépôt capable de fixer l'attention et de tenter la cupidité des larrons. Ce dépôt, qui intéresse encore plus particulièrement les citoyens de la commune, devrait être soigneusement gardé. Cependant, la plupart du temps, nous sommes sans sentinelle, même dans la nuit. Je viens, citoyens, vous dénoncer cette négligence dans le service de la garde d'un poste aussi important et vous inviter à prendre, avec la municipalité à qui j'écris à ce même sujet, les mesures que vous jugerez les plus convenables pour assurer l'exactitude de cette garde ».. ....

Trois mois après environ, le 3 ventôse (22 février

---

(1) Aux termes du décret du 22 août 1791, l'Administration était tenue de payer 300 livres aux réclamants en cas de non remise de l'objet.

1896), la lettre précédente était rappelée et le Directeur disait : « L'audace et les entreprises des brigands vont toujours croissant ; *les derniers exemples que nous avons eu sont vraiment alarmants.* »

Malgré les mesures générales prises, des tentatives criminelles continuaient de temps en temps à se produire, et, le 1er brumaire an VI (22 octobre 1897), le piéton faisant le service de courrier entre Pont-Saint-Esprit et Barjac fut arrêté par quatre brigands, armés de fusils, de pistolets et de bâtons, qui le dépouillèrent de toutes les valeurs qu'il portait.

On le voit par ces quelques faits, (1) toute sécurité faisait défaut, et on comprend combien devait être grande, surtout aux époques particulièrement troublées, l'inquiétude des directeurs et des courriers.

Inviolabilité du secret des lettres.

On avait eu tant à se plaindre du cabinet noir sous les régimes précédents que les cahiers des bailliages contenant les vœux de la Nation, en 1789, furent à peu près unanimes pour réclamer l'inviolabilité du secret des lettres. (2).

L'ordre de la noblesse de la Sénéchaussée de Nimes avait demandé (art. 6 des cahiers) : « La sûreté des lettres, et qu'à cet égard la foi publique ne puisse être violée dans aucun cas ».

Cette importante question du secret des lettres fut agitée à la tribune de l'Assemblée nationale les

---

(1) Arch. dép., Dossier 7. P. 2.
(2) M. A. Belloc, dans son *Histoire sur Les Postes Françaises*, déclare avoir relevé personnellement 156 vœux analogues. (p. 254).

25 juillet et 5 décembre 1789. A cette dernière date, un projet d'arrêté fut voté, portant que « le secret des lettres devait être constamment respecté ».

Ce principe fut encore confirmé par les décrets des 10 août 1790 et 10 juillet 1791 et par l'insertion d'un article dans le Code pénal. Des abus ne s'en produisirent pas moins, un peu partout, sous l'inspiration des passions politiques. C'est ainsi qu'en 1793, le 20 avril, le Conseil du Gard prit l'arrêté suivant : (1)

« I. — Les gardes nationales et la gendarmerie du ressort sont mises plus expressément en état de réquisition permanente.

II. — Il est ordonné à la gendarmerie nationale d'arrêter et conduire devant le Comité de sûreté générale de l'Administration tous les courriers extraordinaires, expédiés à des particuliers, qui passeraient dans le département.

III. — Il est enjoint aux directeurs de poste de ne faire la distribution d'aucunes lettres et paquets, qu'après que la vérification des adresses en aura été faite, savoir : dans le chef-lieu du département, par trois commissaires dont l'un sera pris dans le sein de l'Administration, le second dans celle du district et le troisième dans le sein du Conseil général de la commune ; par deux dans le chef-lieu de chaque district ; dont l'un pris dans le sein de son administration, et l'autre dans le Conseil général de la commune ; et enfin par deux, dans les autres communes, pris dans leurs Conseils généraux respectifs.

IV. — S'il se trouve des lettres ou paquets adressés d'un lieu suspect ou à des personnes suspectes, les personnes à l'adresse desquelles ils se trouveront seront invitées à se rendre au bureau de distribution où ils seront ouverts et lecture par elles faite en présence des dits commisaires.

---

(1) Arch. dép. Registres 1. L. 3. 8, page 35 et 1, L. 7, page 123.

Il sera dressé procès-verbal de tout pour être remis au Comité de sûreté générale du département, au cas que les lettres ou paquets contiennent quelque chose de suspect.

V. — Les Municipalités sont de plus fort requises, au nom du salut public et sous leur responsabilité, de faire exécuter sans délai la loi sur la formation des Comités de surveillance dans leurs communes, ainsi que toutes celles relatives à la sûreté générale.

VI. — Le Conseil du département se concertera avec les administrations des départements des Bouches-du-Rhône, de l'Hérault, de l'Aveyron, de la Lozère, de l'Ardèche et de la Drôme, sur les mesures générales à prendre pour prévenir et dissiper les complots que les malveillants peuvent tramer dans l'étendue de leurs ressorts respectifs....

....

Les commissaires nommés pour la vérification des lettres furent autorisés, en outre, à faire toutes les réquisitions qu'ils jugeraient convenables, même à employer la force armée si elle était nécessaire(1). Cette précaution était utile. En effet, le citoyen Pons, directeur de la Poste aux lettres de Nîmes, en homme énergique et respectueux de ses devoirs, déclara aux commissaires qu'il ne céderait que contraint et forcé, et ils durent requérir le commandant du poste de l'Hôtel de Ville d'envoyer quatre hommes. (2).

La vérification se fit à Nîmes pendant trois jours consécutifs. Si l'on en croit les membres du Comité de surveillance, « *elle fut de suite justifiée par le plus heureux succès* », parce qu'on intercepta « *des écrits désorganisateurs, incendiaires* » (3).

---

(1) Arch. dép. Registre 1. L. 3. 8, p. 39.
(2) Arch. dép. Registre 1. L. 7, p. 123.
(3) Arch. dép. Registre 1. L. 7, 4, p. 145. (Lettre du 28 avril 1793 au Comité de salut public de la Convention).

Quelques lettres furent également saisies à Uzès.

Dans ses *Lundis Révolutionnaires*(1), L. Rouvière dit à ce sujet :

« La violation du secret des lettres ne fit découvrir aucun complot contre la sûreté de l'État ; mais elle permit de faire beaucoup de bruit autour de lettres que nous publierons, destinées à la Société populaire de Nîmes. Si on tient compte des divisions aiguës existant entre les partis Girondin et Jacobin de notre pays, on peut croire que c'était là le seul résultat désiré. »

Quoi qu'il en soit, de cette appréciation, l'acte commis était illégal ; il constituait la négation des principes récemment consacrés par la nation tout entière : il n'eut pas dû se produire. Il fut, d'ailleurs, désapprouvé par les représentants du peuple Bonnier et Voulland, délégués par la Convention dans les départements du Gard et de l'Hérault, qui suspendirent l'exécution de l'arrêté (2) ; cependant, sur les observations qui leur furent présentées, ils déclarèrent ne vouloir empêcher l'ouverture des lettres venant d'Espagne, « *ainsi que toutes celles venant de l'étranger* ». (3).

Assignats acceptés en paiement du port des lettres.

Conformément à la loi du 4 février 1791, sanctionnant le décret rendu par l'Assemblée nationale, le

---

(1) Ouvrage déjà cité.

(2) Arch. dép., 1. L. 6, 11, p. 120. (Arrêté daté de Montpellier le 23 avril 1793).

(3) Arch. dép., 1. L. 3, 3, p. 83.(Arrêté daté du Conseil, du 26 avril).

27 janvier précédent, les assignats furent admis à circuler comme valeurs, soit par la poste, soit par les messageries. Mais la question s'était posée de savoir s'ils devaient être acceptés en paiement du port des lettres.

D'une correspondance du Ministre des Contributions publiques, en date du 13 février 1792, (1) il ressort que le public pouvait se libérer du port de ses lettres avec des assignats, à charge par lui de faire l'appoint.

Nouveaux tarifs.

Les tarifs n'avaient évidemment rien de particulier au département du Gard ; nous croyons néanmoins indispensable d'en dire un mot ici pour donner à notre petite étude l'aspect d'un tout complet.

Ils furent l'objet de trois remaniements.

La loi du 22 août 1791, mise en application à partir de 1er janvier 1792, (2) créa une taxe locale, une taxe départementale et aussi une taxe spéciale pour les journaux et les livres. Elle maintint le principe de la taxe proportionnelle à la distance pour les objets de correspondance franchissant les limites du département d'origine. Les distances entre les départements étaient calculées de point central en point central, à vol d'oiseau. La taxe des lettres et paquets partant ou arrivant d'un département pour un autre département était la même pour tous les bureaux des deux départements.

_____

(1) Arch. dép., 7. P. 2.

(2) Le bail de la ferme des Postes expirait à cette date. Il ne fut pas renouvelé.

Une taxe unique pour tout le royaume fut cependant admise pour les journaux, les livres et le transport des matières d'or et d'argent.

La lettre simple (poids 1/4 d'once) payait 3 sous dans l'arrondissement postal d'un bureau.

Dans l'intéri·ur du même département, elle payait 4 sous.

Hors du département, le port était :

De 5 sous pour une distance de 20 lieues ;

De 8 sous pour une distance de 50 lieues ;

De 11 sous pour une distance de 100 lieues ;

De 15 sous pour une distance supérieure à 180 lieues.

Les lettres chargées étaient soumises à la taxe du double port.

Les échantillons payaient le tiers du port des lettres.

Les journaux quotidiens étaient taxés 8 deniers par feuille d'impression, et les autres 12 deniers.

Les livres brochés payaient un sou la feuille.

Quant aux matières d'or et d'argent, le port était fixé au 5 p. % de la valeur des objets.

En somme, les nouveaux tarifs constituaient, sur les précédents, un avantage pour le public et une simplification pour le service. En outre, la faveur de la taxe unique pour tout le royaume, attribuée aux journaux et aux livres, marquait bien l'intention des hommes de la Révolution de faciliter la propagation des idées et la diffusion de l'instruction.

Mais des considérations financières ne permirent pas de les maintenir entièrement.

Les lois des 27 nivôse an III (16 décembre 1794) et 3 thermidor an III (29 juillet 1794) élevèrent la taxe des lettres et des journaux. C'est ainsi qu'en 1794 le port de la lettre simple (poids 1/4 d'once) fut porté à 5 sous dans l'intérieur d'un même département.

Hors du département la taxe était de :

6 sous pour une distance de 20 lieues ;
10 sous pour une distance de 50 lieues ;
13 sous pour une distance de 100 lieues ;
18 sous pour une distance supérieure à 180 lieues.

La taxe des journaux quotidiens fut fixée à un sou, au lieu de huit deniers ; celle des autres publications à un sou six deniers, au lieu d'un sou.

En 1795, la taxe départementale fut supprimée et la distance minimum portée à 50 lieues.

Pour cette distance la lettre simple coûtait dix sous. Pour une distance de 100 lieues, elle devait payer 15 sous ; et, pour une distance supérieure à 150 lieues, 25 sous.

Comme on peut en juger par ces quelques chiffres, les augmentations étaient sensibles.

Les renseignements que nous avons produits permettront à nos lecteurs de se rendre compte de ce qu'était le service postal dans le Gard, sous la Révolution. Mais ils ne peuvent donner une idée exacte de l'effort déployé en vue des réformes à accomplir, des progrès à réaliser : ils sont en effet limités au cercle étroit du département, et ils ne se rapportent, du reste, qu'à quelques-unes des mesures ayant un caractère général administratif.

Cet effort fut immense. Les volumineux dossiers conservés dans les archives révèlent une activité de travail extrordinaire, une véritable fièvre de réorganisation et de réformes. Il appartenait bien à la Révolution qui transforma tous les services de l'Etat d'améliorer sérieusement celui dont dépend la vie commerciale, industrielle et politique de la nation. Elle fit beaucoup en peu de temps, malgré les difficultés qu'elle rencontra. Toutes les questions importantes furent examinées et traitées : franchises postales, suppression des privilèges des maîtres de poste, suppression de la ferme des postes, mise en adjudication des courriers, et réorganisation des services, refonte des tarifs, créations de bureaux, établissement d'un serment professionnel et d'un serment civique, cautionnement des directeurs, élaboration d'une instruction générale sur le service des postes, etc , etc.

En somme, on peut dire que la Révolution posa véritablement les bases de l'Administration postale moderne et prépara ainsi admirablement la voie aux gigantesques progrès que celle-ci devait réaliser au cours du dix-neuvième siècle.

Ces progrès, nous nous proposons de les étudier — toujours pour notre département — dans un travail plus important, dont celui-ci sera, en quelque sorte, l'avant-propos.

E. R.

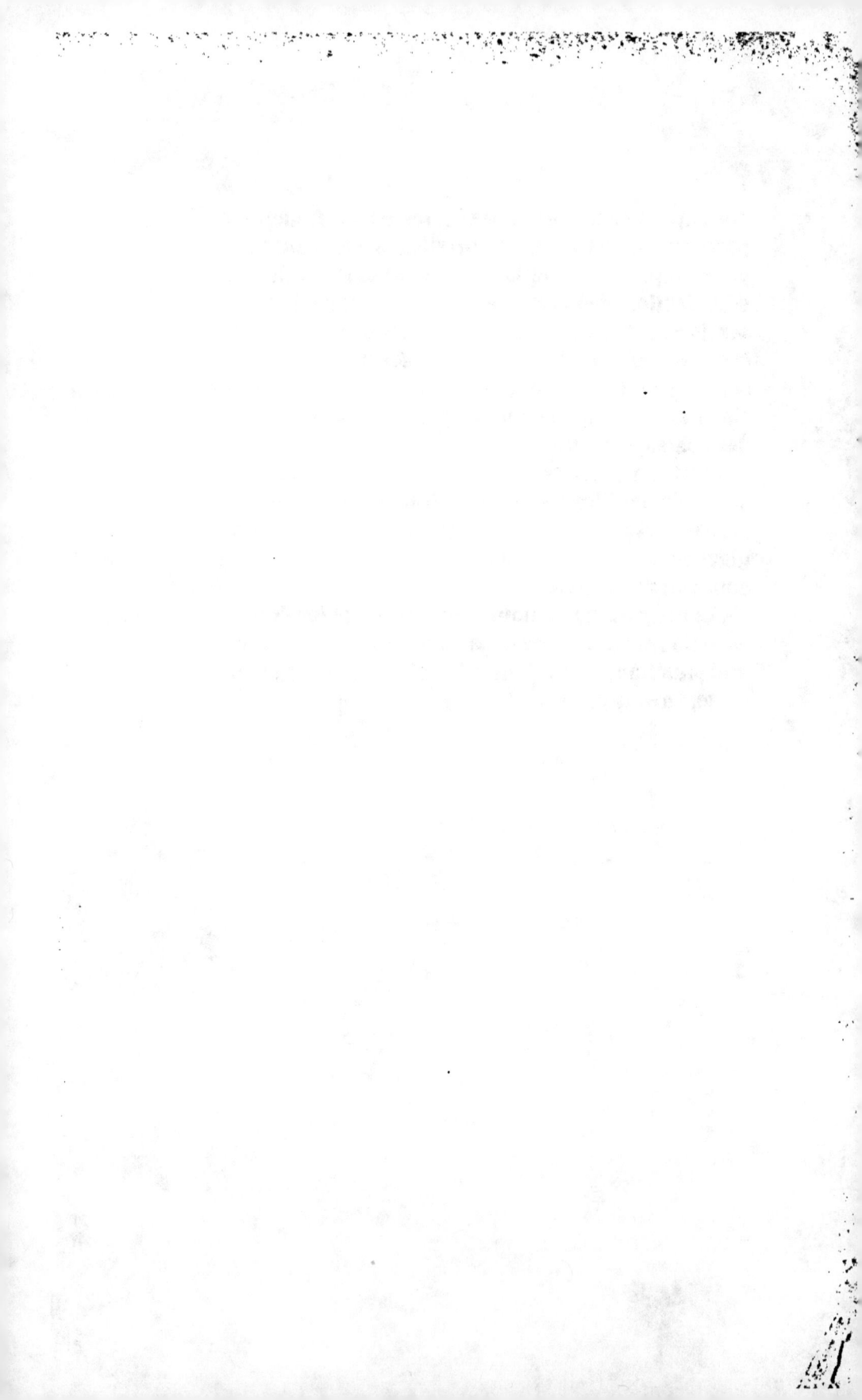

DU MÊME AUTEUR :

Les Télégraphes et le Téléphone dans le département du Gard. — 1821-1896. (Nimes 1897).

La Mutualité en France et l'Association Amicale des Postes et Télégraphes. — (Nimes 1902).

IMPRIMERIE COOPÉRATIVE « LA LABORIEUSE »
7, rue J.-B.-A. Godin, 7

171

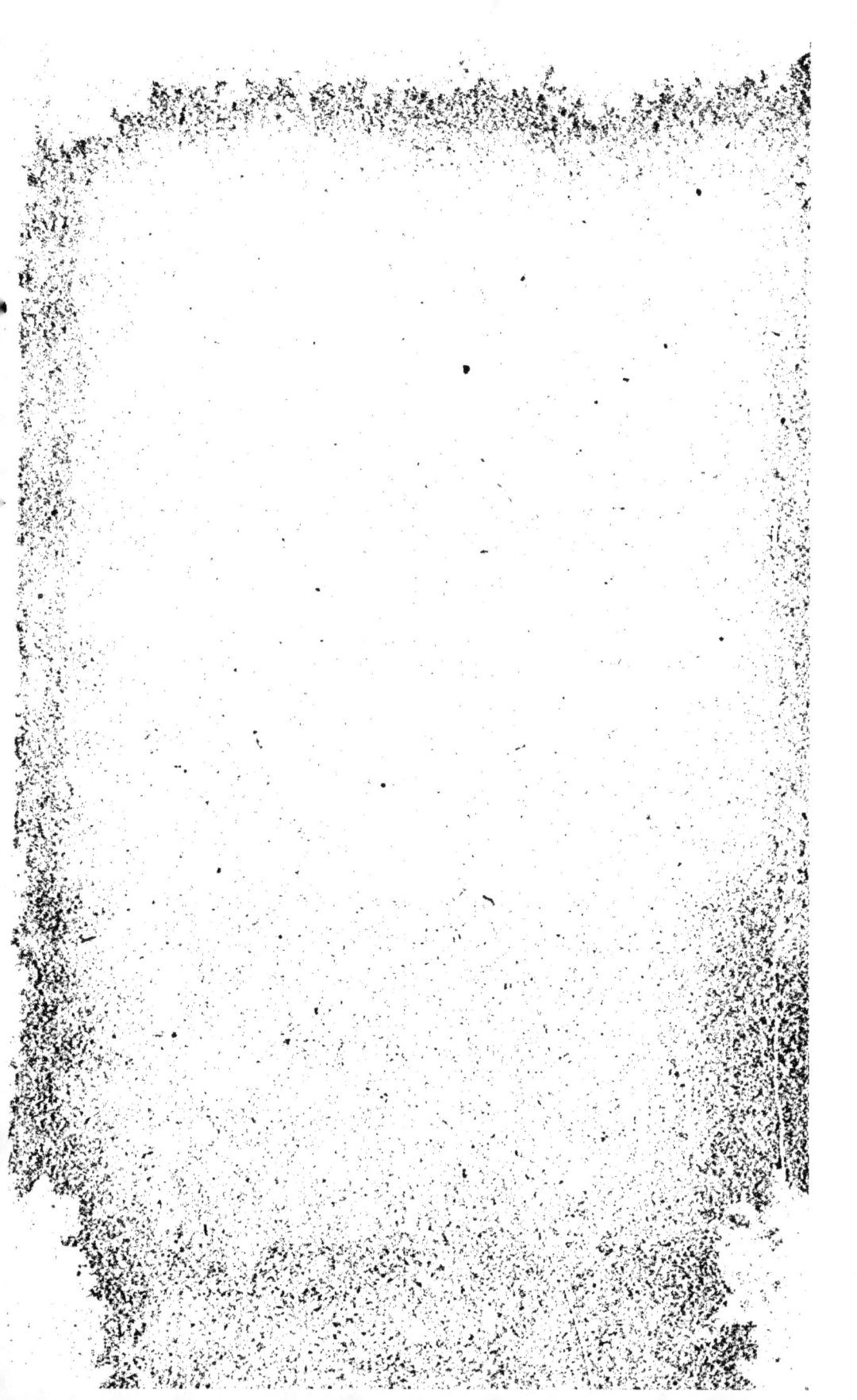

IMPRIMERIE COOPÉRATIVE « LA LABORIEUSE »
7, rue J.-B.-A. Godin, 7

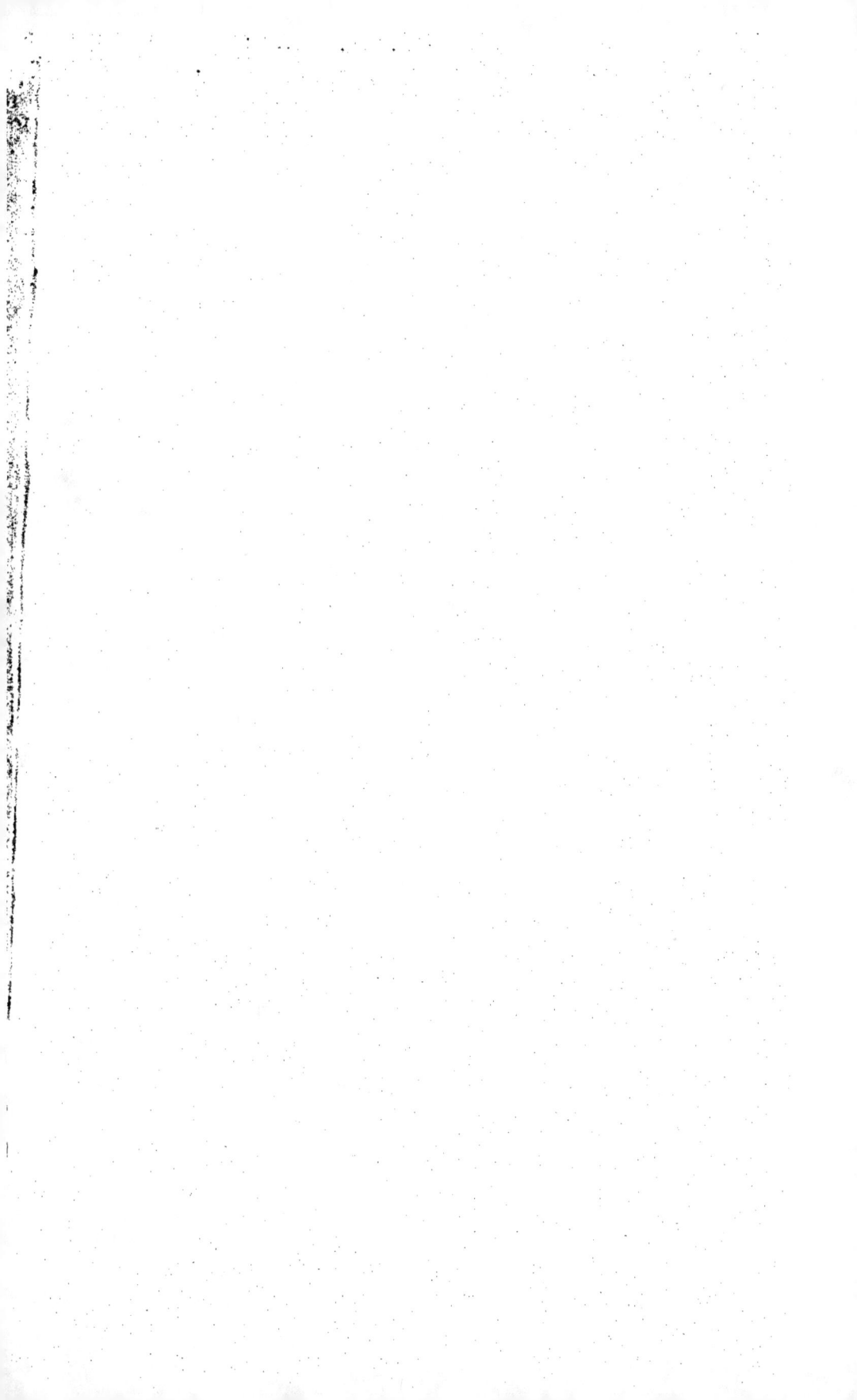